Hühnerhaltung

Das Hühner 1x1

Der umfangreiche Ratgeber für artgerechte Haltung, Pflege, Futter, Rassen und Zucht

Margret Tiemann

ISBN: 9781794270855

Jahr der Veröffentlichung: 2019

Inhalt

Einleitung

Wer genießt nicht gerne sein Frühstücksei. Schade nur, dass dafür tagtäglich Millionen treue Hühner leiden müssen. In Käfige gepfercht, in denen sie sich keinen Zentimeter bewegen können, ist es ihnen fast unmöglich gute Eier zu legen. Wer zum ersten Mal frische Eier von freien Hühnern gekostet hat, der wird sofort den Unterschied bemerken. Doch Hühner sind weit mehr als nur Eierproduzenten. Hühner gehören zu den interessantesten Haustieren unserer Zeit. Sie bringen uns dem Lebensstil früherer Generationen ein kleines Stück näher und sie faszinieren mit ihrem eigenartigen (und doch einzigartigen) Charakter. Hühner sind ein Garant für Aufmerksamkeit und werden nicht nur von Kindern heiß und innig geliebt. Hühner sind wie man so schön sagt “ein Spaß für die ganze Familie”. Sie machen nicht nur Nachbarn neidisch, sondern sind auch nützlich und überraschen durch eine Sache, die oft übersehen wird. Denn die wenigsten Menschen wissen das Folgende: Hühnerhaltung ist ein Kinderspiel und für fast jeden machbar!

Dieses Buch gibt dir alles an die Hand, was du über Hühner wissen musst. Er erklärt, wie aus dem wilden Bodenvogel eines der beliebtesten Nutztiere wurde. Es begleitet dich auf deinem Weg vom Interessenten zum Halter Schritt für Schritt. Du wirst wissen, wie du das perfekte Gehege so einrichtest, dass es zu deiner Wohnsituation passt. Du wirst wissen, wie Hühner ticken und wie du sie behandelst, fütterst und pflegst. Und Du wirst auch wissen, welche Hühner zu dir passen, wie du sie erwirbst und wie du wenig später dein erstes eigenes Frühstücksei genießen kannst.
Folge mir und tauche ein in die Welt der Haushuhnhaltung!

Deine Margret Tiemann

Das Huhn

Ursprung

Hühner stammen von den Dinosauriern ab. Das zeigen nicht nur die offensichtlichsten Gemeinsamkeiten, wie etwa geschuppte Füße und der Gang auf zwei Beinen, sondern auch der genetische Code. Selbst als Embryo bildet das Huhn noch einen rudimentären Schwanz aus, der sich dann vor der Geburt wieder verwächst. Im Lauf der Jahrmillionen entwickelten sich damals Vögel und unter ihnen auch vor 45 Millionen Jahren Hühner.

Das Huhn ist ein vielseitiges Federvieh. Viele zählen es zu den Laufvögeln, obwohl es eigentlich fliegen kann. Neben seinem charakteristischen Gang fällt es dadurch auf, dass es den Großteil seines Lebens am Boden verbringt. Zudem sind Hühner mehr oder weniger sesshaft und kontrollieren ihr eigenes Revier. Davon abgesehen weisen Hühner jedoch die typischen Merkmale ganz gewöhnlicher Vögel auf.

Biologie

Eine gute Herangehensweise um Tiere aus biologischer Perspektive kennenzulernen, ist es zu untersuchen, warum sie sind, wie sie sind. Jedes Tier hat sich aus dem selben Ursprung heraus entwickelt und bildet in seiner Biologie im Wesentlichen eine (Über-)lebensstrategie ab. Wie es das Huhn mit 5 zentralen Eigenschaften durch 45 Millionen Jahre Evolution schaffte, betrachten wir jetzt.

Eigenschaft 1: Sehsinn

Hühner verfügen über einen ausgezeichneten Durchblick - zumindest dann, wenn es um ihr eigenes Revier geht. Alles was sich weiter als fünf Meter entfernt befindet wird nur bedingt wahrgenommen. Dennoch ist der Sehsinn des Huhns eine seiner größten Stärken. Es sieht schneller als wir und kann dadurch Bewegungen besser wahrnehmen. Da es deutlich mehr Bilder pro Sekunde verarbeitet, kann es blitzschnell reagieren. Es erkennt zudem Details in seiner Umgebung sehr genau. Anstatt ihr Futter zu schmecken, beurteilen Hühner es rein nach dem Aussehen. Dies ist durchaus eine Leistung, wenn man bedenkt, dass es sich bei einem großen Teil des Futters um Körner und Samen handelt. Hühner benötigen in ihrem gewöhnlichen Leben keine Fernsicht, denn sie sind zum Großteil sesshaft. Dass ihre Augen sich an den Seiten des Kopfes befinden sorgt zwar dafür, dass Hühner einen guten Rundumblick haben, jedoch wird dadurch ihr räumliches Sehen eingeschränkt. Wollen Hühner räumlich wahrnehmen, dann müssen sie sich im Zickzack bewegen.

Eigenschaft 2: Gehör

Hühner haben ein gutes Gehör und können somit eine breite Variation von Tönen unterscheiden. Wer genau hinsieht, kann die kleinen Ohrlöcher erkennen. Sie befinden sich oberhalb der weißen Flecken (Ohrscheiben) oder der roten Lappen (Ohrlappen) und werden von Federn verdeckt.

Eigenschaft 3: Füße

Die Füße der Hühner sind wahre Wunderwerke. Sie sorgen durch interne Venen nicht nur dafür, dass Hühner Nachts nicht von der Stange fallen, sondern sind auch mit Vibrationsorganen ausgestattet.

Durch diese spüren Hühner, wenn und wie sich ihnen etwas nähert. So entsteht der Eindruck, Hühner könnten auch in der Nacht Dinge erkennen. Zudem sind die Füße auch mit Krallen ausgestattet. Diese dienen nicht nur dazu sich zu verteidigen, sondern eignen sich auch hervorragend zum Graben im Erdreich.

Eigenschaft 4: Schnabel

Der Schnabel eines Huhns dient als Waffe und Werkzeug. Hühner sind mit ihm dazu in der Lage sich zu verteidigen indem sie hacken und beißen. Die wichtigste Funktion des Schnabels ist allerdings die Aufnahme von Nahrung. Da Hühner nicht gut schmecken können, teilt er das potentielle Futter nach Textur, Dicke und Zähigkeit ein.

Eigenschaft 5: Kamm

Besonders auffällig ist der Kamm bei Hähnen. Er spielt jedoch auch bei Hennen eine entscheidende Rolle. Der Kamm ist die Visitenkarte der Hühner. Durch ihn erkennen sie sich und wissen welchen Status das Gegenüber innehat und wie es entsprechend behandelt werden soll. Der Kamm ist zudem ein sexuelles Signal. Je farbiger, größer und straffer er ist, umso attraktiver ist sein Träger.

Verhalten

Hühner gehen in ihrer Freizeit sehr kuriosen Beschäftigungen nach: Sie nicken ständig mit dem Kopf, wühlen im Boden und baden im Staub. All das sind Verhaltensweisen die sie ausleben wollen und die man ihnen um jeden Preis lassen sollte. Sie entsprechen der Natur von Hühnern und haben dafür gesorgt, dass diese nach 45 Millionen Jahren noch immer auf dieser Erde herumpicken. Dieses Kapitel ist dazu da, dich mit den Grundlegenden Verhaltensweisen von Hühnern vertraut zu machen und dir zu erklären, warum sie tun, was sie tun.

Kommunikation

Hühner haben über die Jahrtausende eine eigene Sprache entwickelt. Diese ist zwar nicht sonderlich komplex, denn sie besteht nur aus knapp 40 verschiedenen Lauten, doch sie ist eine erstaunliche Entwicklung. Deshalb, weil Wildhühner lediglich 5-10 unterschiedliche Laute kennen. Das Haushuhn hingegen hat durch das engere Zusammenleben mit seinen Artgenossen gelernt komplexer zu kommunizieren.

Nicken

Das augenscheinliche Nicken mit dem Kopf ist in Wahrheit das genaue Gegenteil: Der Körper wird bewegt, während der Kopf still steht. Hühner tun dies, damit sie Dinge klar sehen können. Ihre Augen befinden sich, nicht nur an den Seiten des Kopfes sondern sind zudem nahezu unbeweglich. Das führt dazu, dass Hühner nicht ihren Blick, sondern sich selbst bewegen müssen. Wie sich ein Huhn ohne Kopfbewegung fühlt, kann jeder selbst ausprobieren. Blicke aus dem Seitenfenster eines schnell fahrenden Autos und starre durch einen spezifischen Punkt der Scheibe. Wenn du deine Augen auf diesem Punkt fixiert lässt, wirst du keine Details der Außenwelt mehr erkennen. So geht es Hühnern permanent, wenn sie ihren Kopf nicht bewegen. Ihr vermeintliches Nicken sieht zwar ulkig aus, ist mit diesem Hintergrund jedoch eine sehr verständliche Art der Fortbewegung.

Scharren

Hühner haben sich bei ihrer Futtersuche auf Samen und Körner spezialisiert. Diese in der Natur zu finden geht mit immensem Aufwand einher. Hühner haben es sich deshalb zur Aufgabe gemacht, Sammler zu werden. Sie kramen so lange im Untergrund herum, bis sie darin Nahrung finden. Dabei sortieren sie unablässig Geäst, Gräser und was sonst noch so alles der Nahrung im Weg steht. Da sie keine Hände haben, schieben sie es einfach mit den Füßen von A nach B.

Fliegen

Hühner können tatsächlich fliegen. Sie sind zwar nicht besonders gut darin, aber durchaus dazu in der Lage. In ihrer Vergangenheit lebten Hühner in Wäldern und mussten daher des Nachts zum Schlafen auf Bäume gelangen um vor Feinden sicher zu sein. Auch die heutigen Hühner schaffen es theoretisch noch auf einen Baum. Es kommt dabei jedoch natürlich auf die jeweilige Größe und vor allem das Gewicht an. Hühner fliegen deshalb nur selten, weil sie Gruppentiere sind und als Laufvögel lieber zusammen auf dem Boden bleiben. Selbst abenteuerlustige Hühner kommen immer wieder zurück. Dieses Verhalten ist es, was Hühner zu so perfekten Nutztieren für den Menschen gemacht hat. Doch auch den Hühnern selbst nutzen ihre Flügel heute noch. Nicht für das Fliegen, sondern zur Kommunikation mit Artgenossen und an heißen Sommertagen. Hühner können nicht schwitzen und müssen sich deshalb selbst kühl halten. Das tun sie mit ihren Flügeln. Hühner sollten immer genug Platz zum Rennen und Flügelschlagen haben. Letzteres ist sogar ein Zeichen dafür, dass Hühner glücklich sind und sich rundum wohl fühlen.

Staubbad

Es mag widersprüchlich wirken, doch ein Bad im Dreck hält Hühner am besten sauber und gesund. Parasiten und Kleinstlebewesen können Hühnern sehr gefährlich werden. Aus diesem Grund haben sie sich im Laufe der Evolution eine Strategie überlegt die hervorragend funktioniert: Sie decken sich mit Dreck und Feinstaub ein und ersticken dadurch die Schädlinge. Anschließend wird der Staub dann durch sorgfältige Federpflege wieder entfernt.

Federpflege

Eine der liebsten Beschäftigungen von Hühnern ist das Pflegen ihres Gefieders. Dass Hühner dies fast ununterbrochen tun ist verständlich, denn ihr Federkleid ist wie ein Panzer, der sie und ihre Nachkommen vor Feinden und Witterung schützt. Im Winter wärmen sie und im Sommer helfen die Federn beim Fächern von Luft. Die Federpflege ist ein amüsant anzusehender Sport, denn es wird hierbei nicht nur der Schnabel eingesetzt, sondern auch hin und wieder das ein oder andere Bein gehoben.

Picken

Da Hühner für Vögel die nicht jagen recht groß sind, benötigen sie eine ganze Menge an Samen, Körnern, Würmern und Beeren. Um ihren Nahrungsbedarf zu decken, sind sie ständig aufmerksam und picken während sie sich bewegen ständig herum. Diese Gewohnheit legen sie auch dann nicht ab, wenn sie genügend Fressen bekommen.

Krähen

Krähen können nur Hähne. Sie krähen als Machtdemonstration. Das laute Geräusch soll unmissverständlich klar machen, dass der Hahn sein Gebiet beherrscht und bereit ist dieses zu verteidigen. Das Krähen ist aus diesem Grund auch so laut und weithin vernehmbar. Zu Beginn eines neuen Tages zeigt der Hahn direkt nach dem Aufstehen, wer in seinen Augen der Boss ist.

Spreizen

Eine weitere Machtdemonstration ist das Spreizen der Federn - bevorzugter Weise im Halsbereich. Zusätzlich plustern sich Hühner auf. Je breiter ein Huhn ist, desto mächtiger wirkt es nach außen. Dies ist jedoch nicht bloß ein reiner Bluff, sondern hat mit der hierarchischen Stellung des Huhns zu tun. Die Rangordnung bei Hühnern ist streng und wird durch regelmäßige Hahnenkämpfe (und auch Hennenkämpfe) neu ausgelotet. Wer sich eine gute Stellung erkämpft hat, darf am meisten fressen und wird dementsprechend massiger respektive größer.

Hahnenwache

Der Hahn ist ein Alpha-Männchen. Er führt sich auf wie ein König und thront auf jeglicher Erhebung - sei diese auch noch so klein. Es kommt immer ein Hahn auf mehrere Hennen. Die Hennen sind für den Hahn das Wichtigste. Er bietet ihnen Schutz und verlangt dafür im Gegenzug, dass diese ihm hörig sind. Der Hahn muss seine Position verteidigen und ist deshalb immer auf der Hut. Aus diesem Grund sieht man seltener wie er scharrt, pickt oder sich putzt. Dies ist ein gewöhnliches Verhalten und du musst dir als Halter daher keine Sorgen machen.

Huhn und Mensch

Der Mensch hat das Huhn zu dem gemacht, was es heute ist. Er schaffte es bereits vor vielen Jahrtausenden das Huhn für seine Zwecke zu nutzen. Aus Ursprungsrassen wie dem wilden Bankivahuhn züchtete er unser heutiges Haushuhn. Der Zeitpunkt zu dem dies geschah wird auf 3000-5000 v. Chr. datiert. Sein erstes Erscheinen hatte das Huhn in China, Indonesien und Indien. Zu uns nach Europa gelangte es dann 900 v. Chr. Erst vor 2300 Jahren wurden Hühner für ihr Fleisch und ihre Eier gehalten. Davor mussten sie im Wesentlichen für Rituale herhalten. Zunächst wurde Hühnerfleisch vermutlich sogar roh verspeist. Heute ist die Haltung von Hühnern nicht mehr wegzudenken. Mit 120,5 Millionen Tonnen ist Geflügelfleisch die Sorte Fleisch, die weltweit am meisten verzehrt wird. Damit liegt es zwar nur knapp vor Schweinefleisch (118,7 Millionen Tonnen), ist aber fast doppelt so gefragt wie Rindfleisch (70 Millionen Tonnen). Hinzu kommt natürlich der Eikonsum. Der Durchschnittsmensch (weltweit) isst pro Jahr ca. 170 Eier. Und das ist verständlich, denn Eier gehören zu den hochwertigsten Eiweißlieferanten überhaupt und enthalten zudem wichtiges Omega3. Mehr hierzu erfährst du im späteren Kapitel “Superfood Ei”.

Eines ist sicher: Eier und Hühner werden benötigt. Selbst für Tierschützer und Vegetarier. Wer sich vegetarisch ernährt, nutzt Eier, damit kein Eiweißmangel entsteht. Dieser kann zwar auch anderweitig gedeckt werden, jedoch ist das Ei nach wie vor beliebt. Umso besser, wenn es ethisch und tierlieb gewonnen wurde. Und genau darum geht es in diesem Buch. Hühner sind mehr als nur bloße Nutztiere. Sie sind vielschichtige Mitbewohner, die es verdient haben mit Verständnis und Liebe gehalten zu werden.

Rassen

Rasse

Die Rasse ist bei Hühnern ein wichtiges Thema, denn je nach Rasse sehen sie nicht nur anders aus, sondern haben auch unterschiedliche Eigenschaften. Sie krähen lauter oder leiser, legen mehr oder weniger Eier und haben einen unterschiedlichen Platzbedarf. Die Wahl der für dich richtigen Rasse hat also einen großen Einfluss. Nicht allen Menschen ist klar, wie vielfältig die Welt der Hühner aufgestellt ist. Das liegt daran, dass die Meisten von uns nur bei Besuchen auf dem Bauernhof gelegentlich ein paar Hühner gesehen haben. Dort wird in der Regel auf sogenannte Zwiehühner zurückgegriffen.

Die wichtigsten Zwiehühner werden aber bereits durch 15 Rassen abgedeckt, weshalb die Variation der Hühner sich in Grenzen hält. Insgesamt gibt es jedoch zwischen 180-250 offiziell geführte Hühnerrassen. Selbst diese Angabe ist jedoch noch weit untertrieben, denn dadurch, dass sich die Hühner untereinander paaren, entstehen am laufenden Band neue Rassen. Diese Mischhühner sind jedoch nicht so gerne gesehen, da sie als unberechenbar gelten. Rassehühner sind exakt in ihrer Wesensart, ihrem Legeverhalten und ihren Ansprüchen einschätzbar. Bei Mischhühnern weiß der Halter jedoch nie genau, welche Eigenschaften von den Eltern mitgegeben wurden. Insgesamt lassen sich Hühnerrassen grob in sieben Rassengruppen einteilen.

Wildhühner

Wildhühner sind all jene Hühner, die natürlich vorkommen und nicht vom Menschen domestiziert wurden. Wenn man sie mit modernen Zuchthühnern vergleicht, dann fallen sofort eklatante Unterschiede ins Auge. Wildhühner sind kleiner, wendiger, scheuer und legen zudem gerade einmal 20 Eier im Jahr.

Fleischhühner

Fleischhühner werden oftmals auch als Masthühner bezeichnet. Sie wurden gezüchtet um möglichst schnell möglichst schwer zu werden und durch schnelle Geschlechtsreife baldigst Nachkommen zu zeugen. Mittlerweile hat die Bedeutung des Begriffes "Fleischhuhn" abgenommen, da innerhalb der Massentierhaltung ohnehin maßlos gemästet wird. Früher jedoch wurde darauf geachtet, dass selbst

Schlachthühner noch ihrem natürlichen Lebensstil nachgehen können.

Legehühner

Legehühner sind, wie der Name schon sagt, dafür gezüchtet worden, viele Eier zu legen. Im Laufe der Jahrtausende wurde es geschafft, aus den anfänglichen 20 Eiern jährlich, bis zu 300 Eier zu machen. Diese hohe Zahl kann dabei jedoch nur während der ersten paar Jahre aufrecht erhalten werden. Die meisten Hühner die 300 Eier legen können, legen den Rest ihres Lebens deutlich weniger Eier, als solche die zu nur dazu in der Lage sind 180 Eier zu legen.

Zwiehühner

Zwiehühner sind sehr gute Eierleger und geben schmackhaftes Fleisch ab. Sie sind die Allrounder und dadurch sehr beliebt auf Bauernhöfen und unter Selbstversorgern. Zwar bringen Zwiehühner nicht annähernd so viele Eier ins Nest wie Legehühner, doch bis zu 200 Eier können dennoch erwartet werden. Zu Zeiten, in denen es noch normal war, eigene Hühner zu halten, war es ebenso normal, diese auf ihren Nutzen als Eier- und Fleischlieferant zu reduzieren. Wer tatsächlich nicht nur die Eier seiner Hühner genießen will, sondern es auch übers Herz bringt, diese zu schlachten, der sollte sich eine Zwiehuhnrasse zulegen. Unter den Zwiehühnern gibt es natürlich auch einige Rassen, die sich auch dann lohnen, wenn man sie nicht wegen des Fleisches hält. Zwiehühner sind sehr robust. Sie kommen leicht gegen Wetterbedingungen und Krankheiten an. Zudem sind sie leicht zu füttern und bei vielen für ihr stereotypisches Aussehen beliebt.

Kampfhühner

Kampfhühner sind heutzutage in Deutschland glücklicherweise kein Begriff mehr. In den letzten Jahrhunderten und Jahrtausenden gehörte der Kampf jedoch so sehr zu den Hühnern, wie heute Eier und Chicken Wings. Die Geschichte der Hühnerzucht beginnt sogar bei Kampfhühnern. Vor 3000 Jahren - lange bevor Hühner regelmäßig verspeist wurden - machten sich die Menschen einen Spaß daraus sie gegeneinander auf engstem Raum antreten zu lassen. Natürlich wurde in diesem Rahmen auch munter gezüchtet, um spannendere Kämpfe abzuhalten,

Zierhühner

Zahlreiche Vögel wurden im Laufe der Geschichte nur deshalb gefangen, um in Käfigen gehalten werden zu können. An Kanarienvögeln sind nur wenige Gramm Fleisch und dennoch sind sie weltweit zu kaufen. Viele Vögel möchte der Mensch nicht als Nutztier halten oder jagen, sondern lediglich betrachten. Zu diesen Vogelarten gehören auch Zierhühner. Sie geben in der Regel wenige Eier und wiegen auch nicht besonders viel. Stattdessen sehen sie kurios, anmutig oder exotisch aus und finden dadurch beim Menschen ein Zuhause.

Zwerghühner

Diese, mittlerweile immer beliebter werdende, Gruppe von Hühnern ist klein - sehr klein. Das bringt zahlreiche Vorteile aber auch einen entscheidenden Nachteil mit sich. Zwerghühner brauchen wenig Platz, sind leiser und benötigen weniger Futter. Auf der anderen Seite haben sie jedoch auch weniger Fleisch zu bieten. Allerdings schaffen sie es dennoch eine ordentliche Anzahl Eier ins Nest zu legen. Beachtet werden muss bei den putzigen Tierchen jedoch die genauere Einteilung. Denn es gibt sowohl natürliche Zwerghuhnrassen, die auf normalem Wege so geworden sind, als auch künstliche. Letztere sind streng genommen keine eigenen Rassen, sondern lediglich eine klein gezüchtete Variante anderer Rassen.

Für dich als privaten Halter sind vor allem drei Rassengruppen praktisch: Zwiehühner, Legehühner und Zwerghühner.

Zwiehühner

Sundheimer

Das Sundheimer war ursprünglich als Masthuhn gedacht, wurde dann jedoch durch den Nahrungsmangel zweier Weltkriege mehr und mehr zum Vielleger gezüchtet. Und das mit beeindruckendem Resultat. Nun vereint das Sundheimer Huhn beide Eigenschaften und gilt als perfektes Beispiel für Zwiehühner. Es eignet sich perfekt für Anfänger, da es zu den zutraulichsten und zahmsten Hühnern überhaupt zählt. Sundheimer sind kaum dazu in der Lage zu fliegen und bleiben sehr ortstreu. Ihnen macht es daher nichts aus, keinen Baum für die Nacht zur Verfügung zu haben und sie besuchen auch keine Nachbargärten. Das Gefieder des Sundheimer Huhns ist weiß und von silbernen Glanz. Sein Körperbau ist äußerst kräftig und sehr kantig. Ein Hingucker sind die flauschigen Füße, die von weißen Federchen bedeckt sind.

Gewicht: 2,5-3,5 Kg | Legeleistung: 220 Eier | England

Sussex

Sussex verdanken ihren Namen der englischen Herkunft. Sussex ist eine Grafschaft im Süden Englands und gilt als Geburtsort der bunten Zwiehühner. Sie kamen erstmals gegen Ende des 19. Jahrhunderts in Mode und wurden vor allem auf dem Londoner Markt verkauft. Sussex sind ikonische Hühner. Ihr Gefieder ist zum größten Teil weiß. Nur im Halsbereich und am Schwanz sind sie von schwarzen Flecken bestückt. Sussex haben ihr recht hohes Gewicht dem Umstand zu verdanken, dass sie als Masthühner gezüchtet wurden. Die massige Gestalt hält sie allerdings lediglich von hohen Flügen ab und ist ansonsten unbedenklich. Sussex sind schon nach einer kurzen Eingewöhnungsphase sehr zutraulich und ansonsten angenehm ruhig. Ihr weißes, feinfaseriges Fleisch gilt bis heute als Delikatesse.

Gewicht: 3-4 Kg | Legeleistung: 180 Eier | England

Sulmtaler

Im tiefsten Österreich wurde, ebenfalls gegen Ende des 19. Jahrhunderts, in der Nähe von Graz eine Hühnerrasse gezüchtet, die strengen Bedingungen trotzen sollte. Das Sulmtaler Huhn ist für seine Bedürfnislosigkeit beliebt. Es ist sehr einfach zu halten und wächst schnell heran. Das einzige Manko dieser Rasse ist der (wortwörtlich) erhöhte Platzanspruch. Sulmtaler Hühner lieben es nämlich trotz ihres massigen Körperbaus in die Lüfte zu steigen. Sie sind ausgezeichnete Flieger und machen es sich gerne auf Bäumen bequem. Sulmtaler Hühner mit ursprünglicher Farbgestaltung fallen durch ihr charakterischtische hellbraun auf. Dieses ist nur an den Hennen zu bestaunen, deren Gefieder an Latte Macchiato erinnert.

Gewicht: 3,5-4 Kg | Legeleistung: 160 Eier | Österreich

Deutsches Reichshuhn

Das Reichshuhn zählt zu den eher seltenen Rassen. Dies könnte mit seiner Namensgebung zu tun haben, die im heutigen Deutschland kein Platz mehr findet. Anders als von vielen angenommen, hat das Reichshuhn jedoch weniger mit dem dunkelsten Kapitel der Deutschen Geschichte zu tun. Es wurde bereits im 19. Jahrhundert gezüchtet und sollte ein Symbol für das eben erst neu gegründete Deutschland sein. Deshalb wurde bei seiner Zucht darauf geachtet, dass es mit seinem schwarz-weißen Körper und dem roten Kopfbereich der damaligen deutschen Fahne entspricht. Das Reichshuhn ist sehr umtriebig und geht häufig auf Futtersuche. Es ist dabei sehr robust und zutraulich.

Gewicht: 2-3,5 Kg | Legeleistung: 180 Eier | Deutschland

Welsumer

Welsum ist ein kleiner Ort in den Niederlanden. Berühmt sind die gleichnamigen Hühner für ihre großen Eier. Ein einzelnes Ei bringt knapp 80 Gramm auf die Waage. Was ihr Aussehen anbelangt, so muss zwischen der ursprünglichen und der deutschen Variante unterschieden werden. Während erstere aus weißen Hennen und gelb-braunen Hähnen besteht, sind Hühner der letzteren meist rostfarben. Die Geschichte des Welsumer Huhns ist ungewöhnlich, denn niemand weiß so genau, wie es entstanden ist. Viele Jahrzehnte hatte es keinen eigenen Namen, da es eine bunte Mischung verschiedenster Rassen war. 1923 wurde es dann endlich benannt und sogar in den Nachbarländern der Niederlande ausgestellt.

Gewicht: 2,5-3,5 Kg | Legeleistung: 160 Eier | Niederlande

Brahma

Das Brahma Huhn trägt die Legende des Riesenhuhns mit sich herum. Der holländische Forscher Coenraad Jacob Temminck ging seinerzeit von einer wildlebenden asiatischen Hühnerart aus, die gewaltige Ausmaße annehmen konnte. Die Brahma Hühner sind eine amerikanische Züchtung, die seiner Beschreibungen gerecht werden würden. Brahma wurden aus vorwiegend asiatischen Rassen gezüchtet und waren 80 Jahre lang die beliebtesten Speisehühner. Ihr aufrechter Gang und ihr üppiges Federkleid lassen sie sogar noch größer erscheinen, als sie mit ihren 60-80 Zentimetern ohnehin schon sind. Brahmas haben eine sehr bewegte Geschichte hinter sich. Sie wurden Mitte des 19. Jahrhunderts als Geschenk der Königin von England übergeben und breiteten sich dadurch in sämtlichen Adelshäusern Europas aus. Neben ihrer imposanten Größe, können sie jedoch auch mit einer durchschnittlichen bis guten Legeleistung dienen. Trotz ihrer Ehrfurcht gebietenden Statur ist das Wesen der Brahmas sehr sanftmütig. Sie sind ruhige und zahme Tiere, die dem Halter Freude bescheren.

Gewicht: 3-5 Kg | Legeleistung: 140 Eier | Amerika

Amrock

Die Amrocks sind echte Klassiker und ein Sinnbild der Zwiehuhnhaltung. Sie legen eine erstaunliche Anzahl an Eiern und bringen zugleich einiges auf die Waage. Sie sind jedoch nicht ganz so zutraulich wie andere Rassen, was die Haltung für Anfänger erschweren kann. Wer sich aber in Geduld übt, wird von den Amrock Hühnern aber dennoch ins Herz geschlossen. Es muss bei der Haltung darauf Acht gegeben werden, dass Amrocks im Alter nicht durch ihre gute Futterverwertung verfetten. Leider wird durch die hervorragenden Eigenschaften der Amrocks schnell ihr sensibler Charakter und ihr einzigartiges Aussehen übergangen. Amrocks sind schwarz-weiß gestreift und das in einem Ausmaß, welches sie wie eine optische Täuschung anmuten lässt.

Gewicht: 3-4 Kg | Legeleistung: 220 Eier | Amerika

Legehühner

Leghornhuhn

Das Leghornhuhn macht seinem Namen alle Ehre. Schon seit über 1000 Jahren sind seine Vorfahren, die italienischen Landhühner, für hohe Legeleistung bekannt. Der Name des Leghornhuhn leitet sich jedoch nicht von deren Legeleistung ab, sondern ist der englische Name der italienischen Stadt Livorno.

Das Leghornhuhn ist weiß und am Hinterteil mit zahlreichen schwarzen Federn bestückt. Dieses trägt es oft sehr hoch um damit zu imponieren. Leghornhühner sind zwar anspruchslos, jedoch im direkten Umgang kompliziert. Sie sind nicht leicht zu zähmen und lassen sich nur schwer anfassen. Etwaige Komplikationen werden jedoch mit Leichtigkeit von der Legeleistung kompensiert. Diese liegt bei knapp 200 Eiern pro Jahr und kam unter anderem durch den frühen Transport nach Amerika zustande. Dort wurden die damaligen Italiener seit 200 Jahren weiter gezüchtet und auch des Öfteren zum Industriestandard.

Gewicht: 2,2-2,7 Kg | Legeleistung: 200 Eier | Italien

Kraienkopp

Das Kraienkopphuhn ist ein ganz besonderes Legehuhn, denn ursprünglich wurde es wegen geringer Legeleistung verschmäht. Zu ihrer Entstehungszeit gegen 1860 waren die Kraienköppe noch unter anderen Namen bekannt. Sie wurden in den Niederlanden zur Kämpferrasse gezüchtet. Als Hahnenkämpfe jedoch an Popularität verloren, wurde es schwer Kraienköppe zu verkaufen, weshalb man sich kurzerhand dazu entschied sie in eine andere Richtung zu züchten. Dies gelang nur bedingt. Die Kraienköppe behielten die massige Statur eines Kämpfers und legten weniger Eier als eine vergleichbare Rasse selbigen Gewichts. Erst als die Kraienköppe nach Deutschland kamen erhielten sie den Namen Kraienköppe und auch die Umzüchtung gelang. Innerhalb weniger Jahrzehnte wurde aus den Kämpfern eine der legestärksten Rassen ihrer Zeit.

Kraienköppe erinnern mit ihrer Kopfform tatsächlich ein wenig an Krähen und haben ihren massigen starken Körper bis heute beibehalten. Man erkennt sie auch an ihrem silbern oder golden glänzenden Hals. Abgesehen davon vermitteln sie mit ihren feuerroten Gesichtsmerkmalen und der aufrechten Körperhaltung noch immer einen gefährlichen Eindruck. Auch ihr Verhalten ist entsprechend. Sie sind durchaus in der Lage sich gegen Räuber zu verteidigen und schlagen sogar einige Raubvögel in die Flucht. Untereinander sind die Hähne ebenfalls sehr dominant und konfliktbereit, weshalb es sich eingebürgert hat, nur einen männlichen Kraienkopp zu halten.

Überraschenderweise sind die ehemaligen Kampfhühner Menschen gegenüber jedoch sehr positiv eingestellt. Sie sind nicht nur zahm, sondern auch gehorsam, wenn sie in den Stall geschickt werden. Zudem suchen sie den Großteil ihres Futters selbst, weshalb man dieses getrost in den Auslauf geben kann, ohne Angst zu haben, dass es verdirbt. Kraienköppe sind zudem gute Flieger und sollten deshalb am besten auf größerem Gelände gehalten werden.

Gewicht: 2,5-3 Kg | Legeleistung: 200 Eier | Niederlande

Araucana

Wie der Name schon vermuten lässt, handelt es sich bei diesen Hühnern um eine südamerikanische Rasse. Araucanas kommen aus Chile, sind aber für ihr niedliches Aussehen weltweit beliebt. Ihr Körperbau ist klein und stämmig. Dadurch dass ihr Körper wie aus einem Guss erscheint, tritt der Hals der Araucanas gesondert hervor. Er wirkt sehr lang und wird von einem krausen Kopf besetzt der vor Federflaum nur so strotzt. Nicht selten bildet sich dieser so aus, dass er wie ein klassischer Schnurrbart wirkt. Die wohl auffallendste Eigenschaft der Araucanas sind jedoch ihre Eier. Diese sind immer grün und daher der perfekte Hingucker. Wenn du schon einmal ein grünes Ei gegessen hast, dann stammte dieses vielleicht auch von einem Araucana.

Wer selbst Araucanas halten möchte, der profitiert von ihrem ruhigen Temperament. Araucanas sind sehr zahm und fliegen kaum. Sie laufen jedoch ausgelassen durch die Gegend und scharren viel. Sie benötigen verhältnismäßig wenig Futter und sind auch sonst leicht zu halten. Sie überstehen jegliche Witterung und haben selbst im Winter nur selten Probleme mit ihrer Körpertemperatur. Beeindruckend ist zudem, dass sie trotz ihrer kleinen größe viele Eier legen, die zudem ein Gewicht von über 50 g erreichen.

Gewicht: 1,6-2,5 Kg | Legeleistung: 180 Eier | Chile

Brakel

Das Brakelhuhn ist ein echter Klassiker und seit mehreren Jahrhunderten beliebt. Sein Ursprung ist auf die Campiner Hühner und die Grammont Hühner zurückzuführen. Diese stammen wiederum von europäischen Landhühnern ab, über deren Herkunft man sich nicht ganz einig werden konnte.

Brakeln sind für ihre Farbe (Silber oder Gold) und die großen Augen bekannt. Letztere sind besonders bei Kindern sehr beliebt, da sie an die Knopfaugen von Kuscheltieren erinnern. Von Erwachsenen wird hingegen die Legeleistung der Brakeln geschätzt. Brakeln sind außerdem die perfekten Hühner für Anfänger, da sie wenig Ansprüche stellen. Sie scharren gerne selbst nach ihrem Essen und lassen sich nicht von schlechtem Wetter irritieren. Brakeln sind sehr resistent gegen Witterung und dazu noch zutraulich und ruhig.

Gewicht: 2,2-2,7 Kg | Legeleistung: 180 Eier | Belgien

New Hampshire

Das New Hampshire gehört zu den bekanntesten Hühnern. Es kommt aus den USA und kam erst nach Ende des zweiten Weltkriegs durch die Siegermächte nach Deutschland. Es wurde als Legehuhn für die amerikanische Industrie gezüchtet, ist nun jedoch in ganz Europa weit verbreitet. Sein Charakter gilt als durchaus liebenswert, denn das New Hampshire Huhn ist aufgeweckt, umtriebig und dennoch zahm und zutraulich. Es kommt gut mit Menschen aus und glänzt durch sein Aussehen, das dem eines Bilderbuchhuhns entspricht. Während seine Haltung sehr einfach ist, legt es eine erstaunliche Anzahl Eier.

Gewicht: 2-3,5 Kg | Legeleistung: 220 Eier | Amerika

Hamburger Huhn

Wie es so oft bei Hühnerrassen der Fall ist, trägt auch das Hamburger Huhn einen falschen Namen. Eigentlich kommt es nämlich nicht aus Hamburg, sondern aus England. Dort wurden allerlei Hühner eingeschifft und mit dem Sammelbegriff "Hamburgh Poultry" bezeichnet. Dies rührte daher, dass Hamburg derzeit einer der wichtigsten Häfen war. Das Hamburger Huhn ist somit eine bunte Mischung verschiedenster europäischer Rassen, die wohl in England entstand. Beschrieben wurde es erstmals durch den Ornithologen Johann Bechstein gegen Ende des 18. Jahrhunderts. Das Hamburger Huhn fällt durch seinen sehr feingliedrigen Körper und die prächtigen Schwanzfedern auf. Diese trägt es sehr aufrecht und stolz.

Hamburger Hühner zeichnen sich durch ihre Lebhaftigkeit aus. Sie Bewegen sich viel und benötigen daher mehr Platz als andere Hühner. Zudem sind sie flugaffin und schlafen, wenn es ihnen ermöglicht wird, sogar auf Bäumen.

Gewicht: 2-2,5 Kg | Legeleistung: 160 Eier | England

Westfälischer Totleger

Der Westfälische Totleger war lange Zeit ein sehr beliebtes Huhn, wurde jedoch zu Zeiten der Industriehühner so sehr vernachlässigt, dass er fast ausgestorben wäre. Seine Rasse ist seit mehreren hundert Jahren in Deutschland bekannt und wurde vermutlich auch deshalb wieder intensiv nachgezüchtet. Der Name Totleger ist etwas irreführend, denn Totleger-Hennen sind durchaus in der Lage zu brüten. Lediglich wenn sie zur übermäßigen Eiablage gezwungen werden, ist der Name Programm. Diese Form der Haltung war jedoch (und ist noch immer) weit verbreitet. Der Name der Totleger trifft durch diesen Umstand sogar auf zweierlei Weise zu. Er hat sich nämlich ursprünglich aus dem plattdeutschen "Daudtleijer" entwickelt, was nicht Totleger, sondern Dauerleger bedeutet. Dadurch, dass der Totleger als Dauerleger genutzt wird, wird er jedoch auch zum Totleger.

Auch äußerlich ist der Totleger ein interessantes Huhn. Durch seine Kegelform und die Kombination aus einem schwarzen Unterbau und

dem weißen Kopfbereich imponiert der Hahn. Die Henne hingegen fällt durch den ausgeprägten Legebauch und ihre dünnen braunen Streifen auf.
Totleger sind gute Futterverwerter, jedoch auch sehr vorsichtige und zurückhaltende Tiere, die sich weit vom Stall entfernen.

Gewicht: 2-2,5 Kg | Legeleistung: 190 Eier | Deutschland

Zwerghühner

Zwerg-Cochin

Sie gehören zu den bekanntesten Hühnerrassen Asiens und können auf eine traditionsreiche Vergangenheit zurückblicken. Etliche Dynastien wurden sie am Palast des chinesischen Kaisers gehalten. Innerhalb Chinas werden sie oftmals "Federbällchen" genannt, denn sie imponieren mit ihrer einzigartig runden Form. Den Namen "Cochin" bekamen sie jedoch von einem Engländer. Dieser hatte sie damals in der Region des heutigen Vietnams entdeckt und sie nach eben jener benannt. Cochin war der Name für das Umland von China, in dem sich heute Vietnam und Kambodscha befinden. Der britische Seefahrer schenkte die Hühner 1842 seiner Königin Victoria, die daraufhin mit Hilfe ihres Hofstaates zur ersten europäischen Züchterin wurde. Ein großer Teil der Cochin Hühner in Europa und Deutschland stammt somit von diesem königlichen Geschenk ab, denn das fröhliche und zahme Naturell der Cochins, sowie ihre einfache Haltung löste schnell einen Trend aus.

Gewicht:0,75-0,85 Kg | Legeleistung: 80 Eier | China

Seidenhuhn

Auch das Seidenhuhn stammt aus Asien und ist ein echter Geheimtipp. Unter deutschen Züchtern weitgehend unbekannt, erfreut es selbst Betrachter die nichts für Hühner übrig haben. Als es im 18. Jahrhundert nach Europa kam, wurde es unter hanebüchenen Verkaufstaktiken als Mischung aus Huhn und Kaninchen hingestellt. Kurioserweise ist auch die erste Beschreibung des Seidenhuhns, die von einem Katzenhuhn. Sie wurde von keinem geringerem als dem Entdecker Marco Polo vorgenommen. Seinen Namen hat das Seidenhuhn durch die sehr feinen, glatten Federn erhalten. Diese muten in den Augen vieler als Fell an und werden auf vollkommen pechschwarzer Haut getragen.

Das Seidenhuhn ist leicht zu halten. Es scharrt selten, kann nicht fliegen und bleibt den ganzen Tag mehr oder weniger am selben Ort. Hinzu kommt, dass Seidenhennen ausgezeichnete Brüter sind.

Gewicht: 1-1,4 Kg | Legeleistung: 80 Eier | China

Ohiki

Beeindruckende asiatische Zwerghühner kommen nicht nur aus China. Zurecht beliebt ist auch das Ohiki. Diese possierliche Art existiert nur in Zwergform und wurde zuerst einige Jahrhunderte lang ausschließlich in Japan gehalten. Zunächst trug sie noch den Namen "Minohiki-Chabo", wurde dann jedoch zur eigenen Rasse erklärt und erhielt einen neuen Namen. "Ohiki" bedeutet wörtlich übersetzt "Schwanzschlepper" und weißt vor allem auf das prächtige Gefieder des Hahnes hin. Dieser benötigt ein wenig zusätzlicher Pflege, weil er sich durch die hängenden Federn leichter Krankheiten einfängt. Diese Umständlichkeit wird jedoch durch den geringen Platzaufwand und seine verträgliche Art kompensiert. Anders als viele andere Hühnerrassen lassen es Ohiki auch untereinander ruhig angehen. Ohikis benötigen in ihrem Terretorium gut gekürztes Gras um sich besser fortbewegen zu können. Dafür hinterlassen die Hennen als Entschädigung jedoch auch ganze 110 Eier im Jahr.

Gewicht: 0,75-0,9 Kg | Legeleistung: 110 Eier | Japan

Chabo

Chabo Hühner sehen den Ohiki zwar ein wenig ähnlich, sind jedoch eine vollkommen andere Rasse. Auch sie kommen aus Japan und sind Zwerghühner. Was sie jedoch schon auf dem ersten Blick von Ohikis unterscheidet sind ihre Schwanzfedern. Diese sind nicht nur kurz, sondern werden auch steil nach oben gestreckt getragen. Die Läufe der Hühner sind durch das Federkleid des umfangreichen Bauchbereichs verdeckt und dadurch nahezu unsichtbar. Dies verleiht Chabos ihren charakteristischen Watschelgang.

Neben diesem können sie durch ihre Robustheit und ihren Fleiß glänzen. Sie suchen den Großteil des Tages nach Futter und verwerten dieses hervorragend. Zudem sind auch sie emsige Brüter.

Gewicht:0,5-0,7 Kg | Legeleistung: 80 Eier | Japan

Antwerpener Bartzwerg

Die wohl drolligste Hühnerrasse ist der Antwerpener Bartzwerg. Seine quirligen großen Augen sowie der untersetzte Körperbau lenken viel Aufmerksamkeit auf ihn. Hinzu kommen sein Vollbart aus Federn und sein eigenartig trippelnder Gang. Durch diese Faktoren, sowie seine emsige Futtersuche innerhalb kleiner Gebiete, wirkt er auch ohne seine geringe Größe schon wie ein Zwerg. Bartzwerge fliegen zwar sehr gerne, geben sich aber dennoch mit einem kleinen Gehege zufrieden. Sie treten sehr energisch und anhänglich auf, lassen sich jedoch gut in Schach halten.

Gewicht: 0,6-0,7 Kg | Legeleistung: 90 Eier | Belgien

Federfüßiges Zwerghuhn

Das Federfüßige Zwerghuhn erfreut sich bei Experten ungeheurer Beliebtheit. Besonders in Deutschland, Österreich und Schweiz findet es seine Anhänger. Alleine für diese Rasse existieren im deutschsprachigen Gebiet mehrere Fanclubs bei deren Treffen sich alles nur um diese eine Hühnerart dreht. Nun mag dies übertrieben sein, verständlich ist es aber dennoch. Das Federfüßige Zwerghuhn zählt zweifelsohne zu den schönsten Hühnerrassen. In seiner ursprünglichen Zuchtform ist es weiß-golden mit vielseitiger Musterung. Es mutet körperlich wie eine Taube an und kann ausgezeichnet fliegen. Zudem sind Federfüßige Zwerghühner agil, zahm und benötigen wenig Futter. Zugleich legen sie aber eine erstaunliche Anzahl von 120 Eiern pro Jahr, was sie zu den produktivsten Zwerghühnern außerhalb der Industrie macht.

Gewicht: 0,65-0,75 Kg | Legeleistung: 120 Eier | Deutschland

Bantam

Die Vorfahren des Bantam stammen aus Ostasien, wurden jedoch innerhalb Englands zu einer neuen Rasse geformt. Ihr Körper ist sehr glatt, bündig und schmal. Prägend ist ihr aufrechter Gang der sie zu sehr guten Läufern macht. Bantams entfernen sich weit vom Stall und gehen auf Erkundungstour. Sie sind flugfreudig und neugierig, wenn es um neue Futterquellen geht. Dem Menschen gegenüber zeigen sie allerdings gerne die kalte Schulter. Sie sind nur schwer zu zähmen und streiten oft mit ihren Artgenossen. Dennoch sind sie bis heute bei erfahrenen Züchtern beliebt.

Gewicht: 0,5-0,6 Kg | Legeleistung: 90 Eier | England

Das Huhn als Haustier

Voraussetzungen

Selbstredend ist nicht jeder dazu in der Lage Hühner zu halten. Jedoch bringen deutlich mehr Menschen die richtigen Voraussetzungen mit, als allgemein angenommen. Wenn du dich fragst, ob du geeignet bist Hühner zu halten, dann solltest du einige Dinge gleich zu Beginn sicherstellen.

Voraussetzung 1: Tierliebe ist vorhanden

Sicherlich lassen sich Hühner ausschließlich als Eierleger betrachten und auch entsprechend halten. Sie gelten als Nutztiere und haben damit weit weniger Rechte inne, als Hunde oder Katzen. Jedoch lohnt sich die Haltung von Hühnern nur dann, wenn du selbst Spaß an Tieren hast und dich dazu in der Lage siehst, diese gut zu behandeln. Hühnerhaltung ist nicht anstrengend, teuer oder kompliziert, erfordert aber dennoch regelmäßigen Einsatz.

Voraussetzung 2: Platzbedarf kann gedeckt werden

Um Hühner auch nur annähernd artgerecht zu halten ist ein gewisser Platz vonnöten. Gerade da sich Hühner ein Leben lang in ein und demselben Revier aufhalten, muss ihnen für dieses genügend Raum geboten werden. Nur wer einen Garten besitzt sollte auch Hühner halten. Im Gegenzug ist es jedoch für fast jeden Gartenbesitzer auch möglich zumindest ein paar wenige Hühner zu besitzen.

Voraussetzung 3: Anfangskosten können getragen werden

Hühner "arbeiten" für dich und sind dabei überraschend günstig. Die Haltungskosten (Futter, Einstreu, Pflegemittel) liegen per Huhn bei gerade einmal 65-125 Euro jährlich. Jedoch muss zu Beginn etwas tiefer in die Tasche gegriffen werden, um den Hühnerstall zu finanzieren. Dessen Preis liegt in der Regel zwischen 300 und 1000 Euro. Hinzu kommen die Kosten für Ausstattung (50-100 Euro) und die Hühner selbst (7-70 Euro pro Huhn).

Rechtliches

Neben den persönlichen Faktoren, müssen auch die gesetzlichen beachtet werden. Dieser Punkt ist jedoch glücklicherweise kein großes Hindernis. Hühner gelten als Kleintier und können deshalb sogar in hoher Anzahl gehalten werden. Einzig und alleine das Halten von Hähnen kann zum durch deren charakteristischen Weckruf zum Problem werden.

Hühner müssen jedoch unter jeden Umstand beim Veterinäramt registriert werden. Dies klingt zunächst einmal kompliziert, ist in der Realität jedoch innerhalb weniger Minuten erledigt. Du musst lediglich im Internet nach dem Veterinäramt deiner Stadt suchen und kannst dort den entsprechenden Fragebogen herunterladen und ausfüllen. Dadurch verpflichtest du dich jedoch auch, der Impfpflicht nachzukommen. Diese gilt für alle Hühner und muss jedes Quartal erneuert werden. Geimpft werden muss lediglich gegen die Newcastle Krankheit, da diese Gemeinsamkeiten mit der Geflügelpest aufweist. Mittlerweile gibt es hierzu Lösungen, bei denen die Impfung einfach über das Trinkwasser verabreicht wird.

Hühner und Kinder

Kinder und Hühner sind in den meisten Fällen ein (wortwörtlich) gut eingespieltes Team. Jedes Kind hat Spaß daran, mit Hühnern aufzuwachsen. Kinder sind immer zu neugierig und Hühner können durch ihr Scharren, Rennen, Picken und Fliegen diese Neugier bedienen. Der positive Nebeneffekt: Deine Kinder sind beschäftigt. Besonders interessant sind für Kinder natürlich das Einsammeln der Eier, sowie das Schlüpfen und Aufwachsen von Küken.

Dadurch dass deine Kinder die Hühner begleiten, lernen sie Verantwortung zu übernehmen. Bringe deinen Kindern bei, die Hühner zu Füttern und ihnen Wasser zu geben. Dies spart einerseits deine Zeit und gibt den Kindern andererseits einen guten Einblick darüber, wie es ist, sich um andere zu kümmern. Du selbst bist natürlich weiterhin verantwortlich und solltest dich um die Stallreinigung und eventuelle Krankheiten kümmern.
Du musst keine Angst davor haben, dass Hühner deinen Kindern etwas antun. Hühner sind zahme und ungefährliche Tiere. Einzig und allein Hähne können Kinder durch ihr Auftreten etwas einschüchtern. Kinder können Hühner und Küken in aller Regel sogar anfassen, hochheben und in den Stall zurückbringen. Hierbei sollten sie jedoch zur Sicherheit von dir beaufsichtigt werden.

Hühner und andere Tiere

Nicht alle Mitbewohner sind so gut auf Hühner zu sprechen wie Kinder. Wenn du bereits einen Hund hast, musst du ihn unbedingt von Hühnern fernhalten. Falls sich beide Tierarten im selben Garten befinden, solltest du sie durch einen Zaun voneinander trennen oder deine Hühner vorsorglich in den Stall bringen. Auch andere Vögel wie etwa Gänse können zum Problem werden. Katzen sind zwar nicht besonders gut auf Hühner zu sprechen, greifen jedoch nur Küken an. Die meisten anderen Haustiere wie etwa Hamster, Hasen und Meerschweinchen, leben friedlich mit Hühnern zusammen.

Hühnergehege

Darum ist das Gehege so wichtig

Dieses Buch richtet sich vor allem an Halter, welche ihren Hühnern ein richtiges Zuhause bieten wollen, in dem diese sich wohl fühlen. Damit dem so ist, solltest du Hühnern all das bieten, was sie sich in der Natur selbst verhelfen können. So kannst du zwar kein Dutzend von ihnen in deine Wohnung zwängen, profitierst aber auf ganz anderer Ebene. Glückliche Hühner sind ruhig, pflegeleicht und legen schmackhafte Eier. Zum Glücklichsein benötigen Hühner vor allem Eines: Platz!

Bedenke bitte immer, dass Auslauf und Stall die gesamte Lebenswelt deiner Hühner darstellen. Es geht deshalb darum, ihnen das Bestmögliche zu bieten, das du bieten kannst. Beide Seiten profitieren davon und ist das Gehege erstmal einmal richtig eingerichtet, ist der wichtigste Schritt getan. Hühner kommen hervorragend alleine zurecht und machen kaum Arbeit, solange ihnen ihr Zuhause gefällt.

Auslauf

Der Auslauf ist der absolute Lieblingsbereich von Hühnern. Hier verbringen sie fast den gesamten Tag mit Entspannung, Hygiene und Futtersuche.

Im Grunde handelt es sich beim Auslauf um eine einfache Wiese, an der kleine Anpassungen vorgenommen wurden. Hühner fliegen sehr selten und verlassen ihr Zuhause nur ungerne. Aus diesem Grund kann auch problemlos der gesamte Gartenbereich als Auslauf dienen. Dies hat den Vorteil, dass die Hühner den Garten hübscher und natürlicher wirken lassen. Jedoch scharren Hühner gerne und verwüsten auch ab und an die ein oder andere Pflanze. Wer also sehr penibel mit seinem Blumenbeet ist, der solle den Auslauf separat umzäunen. Hühner ohne Garten zu halten ist leider nicht möglich - beziehungsweise reine Tierquälerei.

Für Hühner eignen sich jedoch größentechnisch so gut wie alle Gärten. Offiziell zählt eine Auslauffläche von 4 Quadratmeter pro Huhn schon als Biohaltung. Besser ist es jedoch seinen Tieren deutlich mehr Platz zu gewähren: Der übliche Richtwert sind 10 Quadratmeter oder mehr pro Huhn. Der etablierte Weg um zu kontrollieren, ob sich die Hühner mit ihrem Zuhause wohlfühlen ist ein Blick auf die Wiese. Solange sich diese in gutem Zustand befindet, geht es platztechnisch auch den Hühnern gut. Wie viel Platz ein Huhn benötigt hängt jedoch auch von dessen Rasse ab. Während aktive Hühner einen größeren Auslauf bevorzugen, kommen Zwerghühner oft schon mit weit weniger aus.

Unerlässlich für jede Art von Huhn ist jedoch eine gewisse Gestaltung des Auslaufs. Neben der grünen Wiese sollte es immer auch einen Teil offener Erde geben, in dem Pflanzen gesät werden, welche die Hühner gerne fressen. Ebenso wichtig ist ein trockener Schattenplatz an dem die Hühner ihr Staubbad nehmen können. Dieser kann zur Not auch selbst geschaffen werden, indem ein Stück Wiese entfernt und durch Sand ersetzt wird. Auf dem Auslaufgelände sollte es zudem Büsche und Sträucher geben, denn da die Hackordnung bei Hühnern sehr ausgeprägt ist, muss jeder Teil der Gruppe die Möglichkeit haben, sich zurückzuziehen. Falls es im Rahmen der Möglichkeiten liegt, freuen sich Hühner zudem immer über Bäume oder zumindest Sitzstangen. Auch Wildwuchs ist bei Hühnern gern gesehen. Unkraut und unregelmäßige Bepflanzung sorgen dafür, dass sich die Hühner ganz wie in der Natur fühlen. Vergiss nicht das Gras gut zu pflegen, denn es wird durch die Haltung von Hühnern strapaziert. Besonders im Sommer muss es regelmäßig gewässert und gestutzt werden.

Stall

Der Stall dient den Hühnern als Rückzugsort. Entsprechend wird er vor allem in der Nacht und zum Fressen aufgesucht. Jedoch ziehen sich Hühner auch bei Regen und Kälte in ihn zurück. Er ist in ländlichen Gegenden zudem wichtig dafür, die Hühner vor Räubern wie Füchsen, Mardern und Hunden zu schützen. Der Hühnerstall muss nicht einmal wirklich groß sein. Ein Quadratmeter Stall reicht schon für drei Tiere aus. Der Menge an Hühnern entsprechend entscheidet sich auch, welche Art von Stall in Frage kommt. Zunächst einmal ist es natürlich möglich, den Stall selbst zu bauen. Es ist aber, gerade für Privathalter, einfacher auf fertige Ställe zurückzugreifen. Diese sind mittlerweile in zahlreichen Variationen und zu guten Preisen neu und gebraucht über das Internet erhältlich. Solltest du dort nicht fündig werden, dann kannst du auch ein gewöhnliches Gartenhäuschen erwerben. Dieses muss dann nur noch mit Ausgängen versehen und im Inneren entsprechend ausgestattet werden. Die optimale Wahl für private Halter mit wenigen Hühnern ist meist ein Transportstall. Transportställe sind meist schon voll ausgestattet und lassen sich wie der Name schon andeutet sehr leicht vom Fleck bewegen und umstellen.

Neben diesen groben Merkmalen gibt es auch auf der Detailebene eine ganze Menge zu beachten. Zunächst einmal sollte der Stall auf geradem und trockenem Boden errichtet (oder platziert) werden. Zudem empfiehlt es sich, ihn mittig im Auslaufbereich zu platzieren, sodass er von mehreren Seiten zugänglich ist. Das sorgt dafür, dass die Hühner nach Bedarf voneinander Abstand nehmen können und der Wiese nicht zu sehr zusetzen. Die Zugänge für den Stall werden am besten durch einen automatischen Schließmechanismus gesichert. Dieser ist in Tierhandlungen und im Internet unter dem Begriff "Schlupflochschließer" erhältlich. Er erfüllt dieselbe Funktion wie eine Katzenklappe, kann jedoch auf bestimmte Zeitperioden eingestellt werden, zu denen er sich öffnet oder nicht öffnet. Zudem sollte der Stall ebenfalls über Fenster verfügen, je mehr, desto besser. Dies liegt darin begründet, dass Hühner sich besser fühlen, wenn ihre hervorragenden Augen alles klar erkennen können. Durch Fenster kommt Licht in den Stall, das ihnen dabei hilft. Da der Stall den einzigen Rückzugsort für Hühner darstellt, muss er wetterfest sein. Hierzu genügt es schon die Feuchtigkeit und den Wind draußen zu halten. Kälteisolation ist nicht notwendig und kann, durch die mangelnde Luftzufuhr, sogar schaden. Um gute Belüftung zu gewährleisten ist es nützlich, wenn die Fenster kippbar sind. Alternativ können auch Lüftungsschlitze helfen.

Im Inneren des Stalls empfiehlt es sich, helles Holz oder weiße Farbe für die Wände zu verwenden, damit Schimmelbefall und Ungeziefer schnell erkannt werden. Der Boden des Stalls muss mit Stroh, Heu, Laub oder Holzspänen (Einstreu) bedeckt werden. Die Einstreu muss ca. einmal im Monat gewechselt werden und wird am besten ab und an mit Futter versetzt. Hühner können so zu jedem Wetter scharren und sich einer erfolgreichen Körnersuche erfreuen.

Futtertrog

Neben den vereinzelten Körnern im Einstreu erhalten Hühner den Großteil ihrer Nahrung aus einem Trog. Dieser ist der wichtigste Gegenstand im ganzen Stall und muss dementsprechend zentral positioniert werden. Dies hält die Hühner davon ab, sich gegenseitig am Fressen zu hindern. Das Material des Trogs ist nebensächlich, wichtig ist hingegen, dass dieser groß genug ist, damit alle Hühner zur gleichen Zeit fressen können. Zudem sollte er tief genug sein, um nicht umgestoßen oder verschmutzt zu werden. Neben dem Trog sollten Kalksteine angebracht werden, an denen die Hühner ihre Schnäbel wetzen können.

Tränke

Das Trinkwasser muss in jedem Fall frisch bleiben. Aus diesem Grund bieten sich ausschließlich geschlossene Tränken aus dem Fachhandel an. Sie verhindern neben Wasserverschmutzung auch das Einfrieren im Winter. Zur Sicherheit, sollten sie in der kalten Jahreszeit dennoch regelmäßig kontrolliert werden.

Schlafstange

Damit Hühner in Ruhe schlafen können, brauchen sie eine Sitzstange. Diese sollte so hoch wie möglich angebracht werden, da sie den Baum ersetzt, den Hühner in der Natur verwenden würden. Die Stange muss nicht rund sein, es genügt ebenso ein Kantholz aus dem Baumarkt. Die Kanten selbst werden bei diesem vor Einsatz aber besser abgerundet.

Kotkasten

Unter der Sitzstange muss der Kotkasten angebracht werden. Hierbei handelt es sich um einen einfachen länglichen Behälter, der mit einem Gitter bedeckt wird. Wenn die Hühner sich nun ihrer

Exkremente entledigen, fallen diese in den Kasten. Der Kotkasten kann entweder erworben, oder ganz einfach selbst gebaut werden. Hierzu kann beispielsweise ein Blumenkasten aus Plastik (wie er sonst an Balkonen verwendet wird) mit einem Gitter vom Baumarkt kombiniert werden. Der Kasten sollte, wie der Rest des Stalls auch, einmal wöchentlich gesäubert werden. Alternativ zum Kotkasten, kann auch ein einfaches Brett verwendet werden. Dieses bedarf dann jedoch täglicher Reinigung.

Nester

Unterhalb des Kotkastens (oder Kotbretts) finden optimalerweise die Legenester Platz. Diese werden fertig gekauft und mit der integrierten Vorrichtung an der Wand angebracht. Zwischen Boden und Legenest muss genügend Platz verbleiben, damit die Hühner sich darunter frei bewegen können. Ist dies nicht möglich, können die Legenester an der gegenüberliegenden Wand befestigt werden. Bei einem großen Hühnerstall bietet es sich an, die Nester einfach auf den Boden zu legen. Um den Hühnern die Orientierung zu erleichtern, werden sie dort am besten in einer geraden Reihe angeordnet. Allgemein sollte darauf geachtet werden, dass die Nester nicht zu sehr von der Sonne beschienen werden. Brütende Hennen legen ihre Eier in der Natur ausschließlich an geschützte Orte, die fast immer im Schatten liegen.

Kauf

Verkäufer finden

Um an die richtigen Hühner zu gelangen, musst du den richtigen Verkäufer ausfindig machen. Dazu gibt es mannigfaltige Möglichkeiten in verschiedenen Preissegmenten.

Gerade dann, wenn nur wenige Hühner gekauft werden, kann umso mehr auf die Qualität geachtet und etwas mehr Geld ausgegeben werden.
Seit mehreren Jahrhunderten sind Ausstellungen hierfür Anlaufstelle Nummer Eins. Dort gibt es Preisrichter, die jedes Huhn intensiv mittels Fachkenntnis überprüfen. Wie ihre Bewertung für das jeweilige Tier ausgefallen ist, lässt sich aus der ausgestellten Bewertungskarte entnehmen.

Die nächstbeste Option sind Kleintiermärkte. Dort hast du es mit erfahrenen Züchtern zu tun, die ihre Tiere schon seit Jahren anbieten. Der Preis fällt im Vergleich zur Ausstellung deutlich niedriger aus.
Züchter lassen sich jedoch auch unabhängig davon im Internet finden. Am besten sind an dieser Stelle themenspezifische Foren geeignet, da dort besonders Anfängern gerne geholfen wird. Auch lassen sich über Foren Vereine ausmachen. Diese sind meist nach der Rasse der Hühner ausgerichtet und verkaufen dieser Rasse entsprechende Tiere meist sehr günstig.
Auch wenn die Verlockung groß ist, solltest du die Hühner besser nicht auf Anzeigenportalen wie Ebay kaufen und wenn doch, dann ausschließlich von professionellen Züchtern.

Das ist beim Kauf wichtig

Rasse

Die nützlichsten, einfachsten und interessantesten Rassen für die Haltung Zuhause wurden dir bereits vorgestellt. Finde für dich selbst heraus, welche für deine Situation am besten ist und sieh dir die Tiere in Aktion an. Empfehlenswert ist es für Halter mit kleinem oder normalen Garten sich Zwerghühner zuzulegen. Diese brauchen weniger Auslauf, einen kleineren Stall und dennoch gibt es unter ihnen Legehühner die stolze 120 Eier im Jahr legen. Rasse ist auch dann wichtig, wenn die Hennen brüten sollen, denn von Rasse zu Rasse unterscheiden sich ihre Fähigkeit und ihr Wille hierzu. Die in diesem Buch vorgestellten Rassen sind durchschnittliche bis gute Brüter. Wenn es sich um sehr gute Brüter handelt, wurde dies hervorgehoben.

Am einfachsten ist es für jegliche Belange, nur Hühner einer Rasse zu halten. Wenn du verschiedene Rassen halten möchtest, solltest du dich immer beim Züchter erkundigen, wie gut diese miteinander auskommen.

Wichtig sind dir vermutlich nicht nur Legeleistung und Brutfähigkeit, sondern auch Aussehen und Charakter. Auch diese Faktoren werden zum Großteil durch die Rasse bestimmt. Hühner kommen in vielen Formen und Farben. Es macht einen riesigen Unterschied, ob du Sussex oder Ohiki hältst. Für den Anfang ist es am einfachsten zu einer Rasse zu greifen, die zahm, ruhig und friedlich ist.

Anzahl und Geschlecht

Wie viele Hühner du hältst ist natürlich dir überlassen. Es sollten jedoch mindestens zwei sein. Hähne sind nur dann notwendig, wenn du Nachwuchs deiner zukünftigen Lieblinge möchtest. Das Schlüpfen von Küken ist ein herzerwärmendes und faszinierendes Schauspiel, weshalb es sich alleine hierfür schon lohnen kann einen Hahn zu halten. Mehr als einen solltest du jedoch nicht halten, denn sonst gibt es schnell Stress um die Hennen und das Territorium. Wenn wegen des Lärms kein Hahn infrage kommt,
kannst du jedoch auch ausschließlich Hennen halten, ohne dass es die Legeleistung beeinsprucht.

Alter

Das Alter der Hühner ist entscheidend, denn mit ihm steht und fällt, wie einfach die Haltung ist und wie viele Eier die Hennen legen. Stark beanspruchte Hennen legen nach zwei Jahren beispielsweise nur einen Bruchteil der Eier. Am einfachsten machst du es dir, wenn du Hühner anschaffst, die ca. 4-6 Monate alt sind. Sie wurden aller Regel nach bereits gezähmt und sozialisiert, geben bereits Eier ab und sind zu guten Preisen erhältlich.

Preis

Der Preis von Hühnern schwankt sehr stark und hängt vor allem von Rasse und Bezugsquelle ab. Grob gesagt kostet ein Huhn zwischen 7 Euro und 70 Euro. Wird auf eine gewöhnliche Rasse zurückgegriffen ist der Preis sehr niedrig und liegt bei gerade einmal 10-15 Euro. Hier sollte aber nicht am falschen Ende gespart werden. Besonders dann nicht, wenn man die Absicht hat, die Hühner zu vermehren. Ein guter Trick ist es, die Hühner zur Brutsaison im Sommer zu kaufen, da sie zu dieser Zeit am günstigsten sind.

Hühner aussuchen

Wenn es um die konkrete Wahl der richtigen Hühner geht, dann spielt dein Gefühl eine wichtige Rolle. Lasse dich davon leiten, welche Tiere dir sympathisch sind und deinen optischen Anforderungen genügen. Sieh dir zudem an, wie die Hühner untereinander umgehen und beobachte genau, wer zusammen passt und wer nicht. Hole dir bei Gelegenheit auch gleich die Meinung des Züchters ein. Er kann dir ganz genau sagen, welches Huhn sich wie verhält. Allgemein sind Umtriebigkeit, Scharren, Putzen und Zutraulichkeiten klare Indizien für ein gesundes Huhn. Sind sie nicht vorhanden bedeutet das jedoch nicht zwangsläufig, dass das Huhn krank ist, eventuell hat es auch nur einen schlechten Tag.

Sobald du eine engere Auswahl getroffen hast, kannst du mit der Inspektion anfangen. Betrachte hierzu Kopf, Rumpf, Augen, Kot und Gefieder im Detail. Der Körper des Huhns muss fest und füllig sein. Selbiges gilt für das Gefieder, welches zudem glatt, sauber und glänzend sein sollte. Im Kopfbereich ist besonders auf Augen und Kamm zu achten. Optimalerweise glänzen die Augen und sind kreisrund und voll. Der Kamm ist bei gesunden Hühnern sehr rot und steht stramm. Der Kot der Tiere ist ein wichtiges Indiz für die Gesundheit. Er sollte fest sein und einen weißen Überzug haben.

Sind all diese Kriterien bei sämtlichen Hühnern erfüllt, dann kannst du diese umgehend mit nach Hause nehmen. Für den Transport gibt dir der Züchter in der Regel Pappkartons mit.

Fütterung

Füttern

Das Füttern von Hühnern ist vielseitig. Die perfekte Art der Fütterung gibt es nicht, denn es kommt auf deine Möglichkeiten als Halter an. Wichtige Faktoren sind hierbei deine Freizeit, der Auslauf der Hühner, sowie das Geld, welches du für Futter ausgeben möchtest.

Bevor du mit dem Füttern beginnst, ist es wichtig zu wissen, wie du vorgehen wirst. Grundsätzlich lässt sich zwischen aktiver und passiver Fütterung unterscheiden. Passive Fütterung bedeutet, dass sich die Hühner sämtliches Futter selbst suchen. Damit das möglich ist, muss der Auslauf allerdings eine ganze Menge zu bieten haben: Eine reiche Variation an Gräsern, Bäumen und belebtem Erdreich. Nur wenn hiervon ausreichend vorhanden sind können sich Hühner selbstständig an Samen, Körnern, Kräutern, Keimlingen, Insekten, Würmer, Larven, Knospen und Früchten bedienen.
In den meisten Fällen (und so vermutlich auch in deinem) wird es also auf eine aktive Fütterung hinauslaufen. Auch bei dieser verzehren Hühner dieselben Nahrungsmittel, jedoch wird der Einfachheit halber auf wenige grundlegende Komponente zurückgegriffen, die das Füttern zum Kinderspiel machen.

Was wird gefüttert?

Hühner sind Allesfresser, dennoch ist es wichtig bei der Futtergabe auf die Art des Futters zu achten.

Körnerfutter

Körnerfutter gilt als Klassiker. Es hat sich eingebürgert zu vermuten, dass Körner das Einzige wären was Hühnern schmeckt. Dem ist aber nicht so. In der Tat sollte Körnerfutter nur einen Teil des gesamten Futters ausmachen. Es ist zwar bei Hühnern durchaus beliebt, kann von ihnen aber nicht so effektiv verarbeitet werden wie andere Arten von Futter. Die besten Getreide für Hühner sind: Weizen und Mais. Neben ihnen sollten jedoch auch Fettlieferanten wie Sonnenblumenkerne benutzt werden.

Schrotfutter

Schrotfutter besteht aus bereits gemahlenen Körnern, die als ausgewogene Mischung zusammengestellt werden. Es lässt sich im Tierfachhandel kaufen, kann jedoch auch selbst hergestellt werden. Hierzu müssen 60 Prozent Gerste, 10 Prozent Weizen, 10 Prozent Mais und 10 Prozent Milchpulver vermengt und dann (z.B. im Mixer) gemahlen werden. Ergänzend zur konventionellen Mischung können auch Hafer, Rapsschrot und Kleie verwendet werden.

Weichfutter

Weichfutter ist am einfachsten herzustellen. Es besteht aus alltäglichen Kohlenhydratlieferanten wie gekochten Nudeln, eingeweichten Brötchen und Kartoffeln. Es ist am einfachsten Reste des eigenen Essens für das Weichfutter zu verwenden. Die Reste sollten natürlich allesamt für Hühner verträglich sein und neben den Kohlenhydratlieferanten nur aus Fleisch oder Gemüse bestehen.

Grünfutter

Grünfutter ist zur Ergänzung des gewöhnlichen Futters besonders wichtig. Während Ersteres langkettige Kohlenhydrate, Eiweiße und Fette liefert, sorgt Letzteres für die richtige Balance an Mikronährstoffen. Diese sind essentiell für die Gesundheit der Hühner. Hühner lieben Gartenkräuter. Auch "Unkraut" wie

Löwenzahn und Brennnessel lassen sich in rauen Mengen selbst sammeln und können durch Salat und Kohl ergänzt werden. Gemüse wie Karotten, Gurke, Mais, Brokkoli und Zucchini kann ebenfalls verfüttert werden.

Obst

Auch für Hühner sind Vitamine wichtig. Sie freuen sich sehr über jegliche Form von Obst und lieben Beeren.

Gesundheitsfutter

Die Gesundheit der Hühner kann durch die richtige Futtervergabe immens verbessert werden. Statt Medikamenten, erhalten Hühner in der Regel Spezialfutter, dass sie vor Nährstoffmangel schützt, sie mit Mineralstoffen versorgt und ihre Verdauung fördert. Es sollten für jedes Huhn täglich 10 g Bierhefe zur Verfügung stehen. Zudem empfiehlt es sich im Winter Vitamin-Mineralstoff-Mischungen aus der Tierhandlung zu nutzen. Auch Blätter der Norialge sollten ab und an zerstückelt ins Futter gemischt werden. Algenblätter sind in Asialäden erhältlich.

Wie wird gefüttert?

Es wird zwar immer auf dasselbe Futter zurückgegriffen, die Fütterung selbst jedoch kann in Zusammensetzung und Menge unterschiedlich ausfallen. Hier spielen die Faktoren: Gewicht, Zeit und Alter die größte Rolle.

Gewicht

Abhängig vom Gewicht des Huhnes wird in der Regel so viel Futter gegeben, dass es einem Fünfzehntel des Körpergewichts entspricht.

Beispiel: Haltung von zwei weiblichen Sussex-Hennen mit einem Gewicht von jeweils drei Kg: *2 x 3000 g : 15 = 400g*

Damit Hühner nicht verfetten, sollte die Futtermenge zunächst variiert werden. Wenn die Hühner sich wild auf das Futter stürzen und es innerhalb kürzester Zeit aufgegessen haben, muss mehr gegeben werden. Wenn hinterher noch einiges im Napf zurückbleibt, dann muss die Menge reduziert werden.

Zeit

Morgens: Weichfutter oder Schrotfutter

Mittags: Grünfutter

Abend: Körnerfutter

Frühling und Sommer: Bei Hitze verdirbt jegliche Art des Futters schneller. Da Weichfutter und Obst am empfindlichsten reagieren, sollte von ihnen weniger verfüttert werden. In den warmen Jahreszeiten muss fettleibigen Hühnern weniger Futter gegeben werden, da sie Mangels Schweißdrüsen unter hohen Temperaturen sehr leiden.

Herbst und Winter: Schon ein paar Wochen bevor es draußen kalt wird, sollte ein wenig mehr Futter gegeben werden und vornehmlich solches, das schnell Energie liefert, beispielsweise Mais und Früchte. Zudem sollte unbedingt auf Vitamin-Mineralstoff-Mischungen zurückgegriffen werden.

Alter

Küken: Küken benötigen nach dem Schlüpfen für drei Tage eine Mischung aus grob geschrotetem Getreide und Haferflocken. Um optimal heranzuwachsen sind viel Protein und Mikronährstoffe nötig. Diese erhalten die Küken ab dem dritten Tag aus zerdrückten gekochten Eiern und Kükenmehl (im Fachhandel erhältlich). Zusätzlich sollte Grünfutter und Bierhefe gefüttert werden.

Junghühner: Junghühner benötigen Körner, Schrot, Grünfutter und Obst. Zudem sollte ihnen in neben dem Essen ein Kalkstein oder Muschelmehl zur Verfügung stehen.

Erwachsene Hühner: Erwachsene Hühner erhalten ebenfalls Körner, Schrot, Grünfutter und Obst. Ihnen kann zusätzlich jedoch auch Weichfutter gegeben werden.

Die Fütterung findet immer im Stall statt. Dort wird der Großteil des Futters in den Napf gegeben und ein kleiner Teil Körner in das Streu. Das Grünfutter kann hingegen frisch in den Auslauf gelegt werden und mit ihm ein paar Körner. Diese dienen nicht der Nahrungsaufnahme, sondern dazu, den Spaß des Scharrens aufrecht zu erhalten. Mit dieser Mischung aus natürlicher Lebensweise und gezielter Futtergabe steht deinen Hühnern ein langes und gesundes Leben bevor.

Pflege

Pflege

Hühner sind, unter anderem wegen ihrer strikten Gruppenhierarchie, sehr selbstständige Tiere. Aus diesem Grund musst du als Halter dich nicht viel ums sie, sondern mehr um ihr Gehege kümmern. So muss, neben der täglichen Reinigung von Futtertrog und Wasserbehälter, nur einmal im Monat die Einstreu gewechselt werden. Die Körperpflege, die bei einigen Tieren enormen Aufwand erfordert, wird durch das Sandbaden der Hühner gesichert. Lediglich bei Hühnern mit schleifendem Schwanz muss hier nachgeholfen werden, indem dieser unter Zuhilfenahme von wenig Wasser von Kot und Ähnlichem befreit wird.

Die einzige hygienische Hürde für die Hühner wird durch ihre Haltung als Nutztier (oder Haustier) aufgestellt. In freier Wildbahn ziehen Hühner nach Erledigung ihrer Geschäfte einfach ein Stück weiter. Ihr Territorium ist dort groß genug dafür. In der Natur haben Hühner viele verschiedene Bäume als Schlafplatz und nicht nur einen kleinen Stall. Dieser bietet zwar Schutz vor Fressfeinden, nicht jedoch vor Ungeziefer.

Du als Halter bist es den liebenswerten Tieren also gewissermaßen schuldig, das von dir bestimmte Areal zu verwalten und Kot und Schädlinge aus dem Stall zu entfernen. Auch den Auslauf darfst du hierbei nicht unbeachtet lassen und musst ihn einmal im Jahr mit frischer Erde aufstocken. Alle paar Tage sollten zudem Federn, Kot und weitere Hinterlassenschaften entfernt werden.

Mache es dir zur Routine einmal wöchentlich den Kotkasten zu leeren und inspiziere bei dieser Gelegenheit genauestens Wände, Sitzstangen und Legenester. Tue dies am besten nach Anbruch der Dämmerung mit einer Taschenlampe um das Ungeziefer auf frischer Tat zu ertappen. Wird ein Befall erkannt, dann muss zunächst die Art des Ungeziefers klassifiziert werden. Besonders relevant sind die Folgenden:

Rote Vogelmilbe

Die rote Vogelmilbe ist der gefährlichste Parasit für Hühner. Die meisten Halter erkennen den Befall erst daran, dass einige Hühner plötzlich tot umfallen. An sich ist es jedoch nicht schwierig ihnen auf die Schliche zu kommen. Rote Vogelmilben lösen nicht nur Stressanfälle und körperliche Schwäche aus, sondern sorgen auch dafür, dass die Beine der Hühner vernarbt, schuppig und verkrustet werden. Sind diese Symptome zu erkennen, kannst du Sitzstangen mit weißem Klebeband (Haftseite oben) bestücken. Dadurch verfangen sich einige der Schädlinge und sind gut erkennbar. Die Vogelmilben sind extrem resistent und kommen bis zu 40 Wochen ohne Wirt aus. Ihr Name rührt von der rötlichen Färbung, die sie erst erhalten, nachdem sie Blut ihrer Opfer angezapft haben. Selbst chemische Mittel sind nur schwer dazu in der Lage ihrer Herr zu werden. Was hingegen hilft ist Kieselgur. Kieselgur wird aus fossilen Algen gewonnen und zu günstigen Preisen in großen Mengen verkauft. Entsprechend großzügig sollte es auch im Stall verteilt werden. Achte besonders auf Ritzen und Hohlräume. Die Hühner müssen derweil in eine Notunterkunft umziehen und sollten nur wenig Kieselgur abbekommen.

Kalkbeinmilbe

Kalkbeinmilben sind nicht so gefährlich wie rote Vogelmilben, für deine Hühner jedoch trotzdem extrem unangenehm. Sie graben gerne kleine Gänge in die Beine ihrer Opfer, wodurch ein intensiver Juckreiz entsteht. Eben jenes Verhalten sorgt auch dafür, dass du Kalkbeinmilben erkennen kannst. Sobald deine Hühner verkrustete Beine haben, die in intensiven Stadien tatsächlich ein wenig an Kalk erinnern, weißt du Bescheid. Gehe umgehend mit deinen Hühnern zum Tierarzt und reinige penibelst Stall und Auslauf.

Würmer

Spulwürmer, Bandwürmer und Plattwürmer sind kein schönes Thema. Sie erreichen in vielen Fällen eine unglaubliche Länge und verweilen im Organismus des Huhns um sich dort zu vermehren. So unangenehm die Vorstellung auch sein mag: Wurmbefall ist bei Hühnern ganz normal. Es muss nur dann eingegriffen werden, wenn die Hühner immer dünner werden, Federn verlieren und unter Durchfall leiden. Halten diese Symptome jedoch für mehrere Tage an, sollte schnell reagiert werden! Sieh dir den Kot deiner Hühner genauer an (eventuell mit Lupe und Pinzette). Sind Würmer zu erkennen, suche Umgehend eine Tierfachhandlung auf und decke dich mit Wurmkuren ein. Während du diese anwendest sollten deine Hühner im Stall bleiben. Kontrolliere regelmäßig ihren Stuhlgang und halte die Hühner von ihrem Kot fern. Ein zu hoher Wurmbefall tritt in der Regel nur dann auf, wenn die Hühner zu häufig mit Exkrementen in Kontakt kommen. Kümmere dich deshalb immer gut um die Hygiene deiner Hühner.

Federlinge

Federlinge sind Läuse, die sich dauerhaft im Gefieder der Hühner verstecken und dort nisten. Sie wären zwar theoretisch groß genug, sind aber zu flink und zu scheu um erkannt zu werden. Befallen können Hühner dann sein, wenn sie Gefiederschäden aufweisen und ohne erkennbaren Grund unruhig sind. Der zuverlässigste Weg die Federlinge zu erkennen, ist unterhalb der Flügel mit Taschenlampe und Lupe Ausschau nach den Nissen zu halten. Die weißen kleinen Eier sind schnell ausgemacht, weshalb sofort mit der Bekämpfung der Federlinge begonnen werden kann. Die Bekämpfung ist auch von Anfängern problemlos zu bewerkstelligen: Setze die betroffenen Hühner unter Quarantäne und besprühe sie mit Präparaten die Laurinsäure, Decansäure, Kokosöl oder Neemöl enthalten. Diese sind einzig und alleine für die Federlinge schädlich und sollten in jeder Tierhandlung erhältlich sein.

Krankheit

Krankheiten sind bei Hühnern ein durchaus Schwieriges Thema, denn Hühner zeigen diese nicht offen. In ihrer Gesellschaft gilt das Recht des Stärkeren um jeden Preis. Anstatt sich um ihre Artgenossen zu kümmern, nutzen Hühner deren Schwäche oft aus. Aus diesem Grund zeigen Hühner ihre Krankheit nicht und täuschen stattdessen einen gewöhnlichen Tagesablauf vor. Diese Tapferkeit führt dazu, dass Halter die Krankheit erst in einem kritischen Stadium erkennen. Wer jedoch nur wenige Hühner hält und sie im heimischen Garten immer vor sich hat, der kann im Grunde leicht feststellen, ob es den Hühnern gut geht oder nicht. Hühner sind für ihre Lebensfreude und Energie bekannt. Ständig sind sie beschäftigt - mit Baden, Scharren, Putzen und Umherlaufen. Sie lieben ihren Auslauf und sind nur dann im Stall, wenn es wirklich notwendig wird: Zum Schlafen, Fressen, Legen, Brüten und wenn sie sich vor Kälte schützen müssen. Bleibt ein Huhn also längere Zeit im Stall und der Gruppe fern, solltest du dich bereit machen.

Sieh dir das Huhn ganz genau an. Suche nach Verletzungen, Nissen, Fußabzessen und Parasitenbefall. Damit das gelingt, musst du dazu in der Lage sein Hühner hochzuheben und still zu halten. Dafür hältst du zunächst die Flügel an die Seiten, sodass das Huhn nicht flattert. Hebe das Huhn von unten an und spreize deine Hand so, dass die Beine des Huhns zwischen den Freiräumen deiner Finger untergebracht sind. Stabilisiere es mit der anderen Hand seitlich und nimm es nach Bedarf in den Arm.

Wenn du Auffälligkeiten entdeckst, besuche den Fachhandel oder in schlimmen Fällen den Tierarzt. Das Huhn setzt du in Quarantäne um Ansteckung der anderen Tiere auszuschließen. Nutze hierfür einen Umzugskarton, den du mit Einstreu, Trinkgefäß und Futterschale ausstattest. Damit das Huhn schnell wieder fit wird, benötigt es eine spezielle Fütterung. Verwende proteinhaltiges Weichfutter und mische es mit Bierhefe. Verfüttere außerdem reguläres Vogelfutter sowie eine Menge Grünfutter. Setze zudem Colostrum, Probiotika und Vitamin-Mineralstoff-Kapseln aus dem Fachhandel ein. Setze diese Heilernährung so lange fort, bis das Huhn genesen ist. Geht es ihm selbst nach einigen Tagen nicht besser, solltest du es zum Tierarzt für Geflügel bringen.

Eier

Superfood Ei

Eier gehören zu den gesündesten Lebensmitteln überhaupt. Sie enthalten Vitamine, Mineralstoffe, Jod, gute Omega-3-Fette und hochwertiges Eiweiß. Kurzum: alles was Küken benötigen um groß, gesund und stark zu werden. Und nicht nur Küken benötigen diese Nährstoffe, sondern auch wir Menschen. Höchste Zeit, endlich mit der Cholesterin-Lüge aufzuräumen. Jahrzehnte lang fürchtete man sich vor dem Verzehr von Eiern, weil diese mit ihren 400 mg eine beachtliche Menge an Cholesterin enthalten. Dem ist auch so, jedoch ist dies für Eiliebhaber kein Grund beunruhigt zu sein, denn unser Körper produziert den Großteil des Cholesterins selbst.

Beim Verzehr von Hühnereiern stellt unser Körper dazu weit weniger Cholesterin her, als wenn wir z.B. Fleisch oder Butter zu uns nehmen. Verglichen mit der körpereigenen Cholesterinproduktion durch andere Lebensmittel sind die 400 mg pro Ei, von denen nur die Hälfte Verstoffwechselt werden, nicht im Geringsten ausschlaggebend. Wer Angst vor zu hohem Cholesterin hat, sollte nicht auf Eier, sondern auf gesättigte Fette und Fleisch verzichten. Laut Professor Berthold Koletzko (Leiter der Abteilung Ernährungsmedizin des Haunerschen Kinderspitals) sind zwei Eier täglich absolut kein Problem. Wer sich ansonsten gesund ernährt, darf auch bedenkenlos noch mehr essen.

Da du deine Eier von Hühnern bezieht, die du selbst hältst, machst du gesundheitlich sogar noch weniger falsch. Der Nährwert von Eiern hängt nämlich maßgeblich davon ab, wie ihre Produzenten gelebt haben. Wenn deine Hühner beispielsweise oft mit Leinsamen gefüttert wurden, dann erhöht sich der Omega-3-Gehalt ihrer Eier maßgeblich. Du kannst somit selbst entscheiden, wie gesund und schmackhaft die Eier deiner Hühner sein sollen.

So entstehen Eier

Hennen beginnen mit dem Eierlegen bereits wenige Monate nach Geburt. Ungefähr ein halbes Jahr dauert es, bis die Henne ihr erstes Ei legt. In welchen Abständen weitere folgen ist abhängig von der Rasse des Huhns. Eier entstehen im Eierstock der Henne. Dort bilden sie sich zunächst als Dotterkugel aus. Diese Dotterkugel gelangt in den Eileiter, wird dort befruchtet und dann von mehreren Schichten Eiweiß umhüllt. Anschließend durchwandert sie den Eileiter und bildet seine Schale aus. Da diese aus Kalk besteht ist es sehr wichtig, den Hennen neben dem Futter genügend Kalk zur Verfügung zu stellen. Sobald sich die Schale gebildet hat, wandert das Ei in den Eihalter. und verbleibt dort bis es gelegt wird.
Dies geschieht meist morgens und immer in einer sicheren Umgebung wie dem Nest im Stall.

Hühner legen hauptsächlich im Frühling und im Sommer. Am Ende dieser Periode verlieren sie in der Mauser Federn und benötigen all ihre Kraft zur Ausbildung von neuem Gefieder. Wenn Hühner auch außerhalb dieser Periode nicht legen, dann liegt das in der Regel daran, dass sie krank sind, falsch gefüttert wurden oder sich unwohl fühlen. Sieh dir an, wie die Henne innerhalb der Gruppe behandelt wird und vergleiche ihre Legeleistung mit der anderer Hennen. Wenn auch die anderen Hennen nicht legen, ist es wahrscheinlich, dass entweder alle krank sind, oder das falsche Futter bekommen. Zunächst solltest du die Lösungsansätze aus den jeweiligen Kapiteln dieses Buches anwenden. Wenn dieses Vorgehen keine Früchte trägt, nimm die betroffenen Hennen mit zum Tierarzt.
Falls sich auf den ersten Eiern junger Hennen Blutstreifen befinden, ist dies übrigens kein Grund zur Besorgnis, sondern vollkommen normal. Ebenso ist es normal, wenn ältere Hennen das Brüten einstellen. In der Regel wird die Brutleistung von Hühnern nur in den ersten beiden Jahren gemessen, da sie anschließend stark abnimmt. Bei einigen Hennen ist nach vier Jahren schon Schluss, bei anderen nach acht. Die Hennen können dann in den verdienten Ruhestand gehen.

Zucht

Deshalb lohnt sich die Zucht

Wer neben den Hühnern noch einen Hahn hält, der tut dies meist nur aus einem Grund: Er will dabei zusehen wie Küken schlüpfen und sich von frechen Jungtieren zu stattlichen Erwachsenen entwickeln. Das Schlüpfen der eigenen Küken gehört zu den Dingen im Leben, die man nie vergisst. Natürlich hat die Zucht neuer Hühner auch zahlreiche andere Vorteile. Mehr Hühner bedeuten mehr Eier bei gleicher Arbeit. Wenn du deine Hühner professionell hältst und es sich um Rassehühner handelt, könntest du dich sogar als Züchter versuchen und Geld mit ihrem Verkauf verdienen.

Ein kleiner Tipp für dich: Selbst ohne Hahn kannst du Küken von deinen Hennen ausbrüten lassen. Bruteier sind günstig und für eine breite Variation an Rassen erhältlich. Sie lassen sich bei Züchtern, Bauernhöfen und sogar online kaufen.

Wie die Brut abläuft

Du musst keine Angst haben: Hühner gehören zu den unkompliziertesten Zuchttieren überhaupt. Hennen wissen genau was sie tun und übernehmen die gesamte Arbeit für dich. Ihre Haltung als Nutztier (oder Haustier) hält sie nicht von ihrer Tätigkeit ab. Das ist einer der Gründe, warum der Mensch seit vielen Jahrhunderten vorrangig Hühner einsetzt und keine anderen Bodenvögel.

Die Befruchtung findet durch den Geschlechtsakt statt, der als "Treten" bezeichnet wird. Der Hahn setzt sich auf die Henne, drückt sie zu Boden und hält sie dabei fest.
Eine Henne die befruchtete Eier legt, wird als Glucke bezeichnet. Es gibt große Unterschiede zwischen den Glucken verschiedener Rassen. Um die Legefreude bei allen zu erhöhen, bietet sich ein separater Gluckenstall an. Hierhin kann die Henne ziehen, sobald sie ihr Nest in Beschlag genommen hat und auf diesem tagsüber sitzen bleibt. So oder so sollte sie während der Brut immer einen Überschuss an gesundem Futter und frischem Wasser zur Verfügung gestellt bekommen.

Wenn du Hahn und Hennen zugleich hältst, dann kannst du davon ausgehen, dass der Großteil der Eier automatisch befruchtet ist. Die Befruchtung lässt sich daran erkennen, dass Hennen Tag und Nacht auf ihren Eiern hocken um diese zu wärmen. Unbefruchtete Eier werden in der Regel von der Glucke selbst entfernt. Mitunter greift sie dazu auch zu drastischen Mitteln wie dem Fressen der Eier. Dennoch ist es üblich die Eier zu schieren (Fachbegriff für das Überprüfen der Befruchtung). Zu diesem Zweck kannst du dir entweder eine Schierlampe kaufen, oder diese selbst bauen. Letzteres ist simpel: Fixiere eine Papprolle (Toilettenpapier, Küchenrolle, etc.) mittels Klebeband auf einer Taschenlampe. Beim Schieren begibst du dich in einen dunklen Raum, positionierst das Ei auf der Rolle und schaltest die Taschenlampe ein. So erkennst du was sich im Inneren abspielt. Wenn du dunkle Verzweigungen ausmachen kannst, dann bedeutet dies, dass das Ei bereits befruchtet wurde und sich gut entwickelt. Deutlich lässt sich dies in der Regel erst nach einer Woche erkennen. Mit etwas Übung, weißt du jedoch schon frühzeitiger Bescheid. Beachte aber bitte, die Eier nicht zu häufig aus dem Nest zu entfernen, denn so störst du ihren Entwicklungszyklus. Zwei bis drei Male ist kein Problem, danach wird es jedoch kritisch. Behalte immer im Hinterkopf, dass es Aufgabe der Glucke ist sich um ihre

Eier zu kümmern. Du solltest maximal durch Beobachtung einschreiten.
Wenn du hingegen die Brut auf ein paar wenige Küken beschränken willst, dann ist es unabdingbar, die Eier auf ihre Qualität zu überprüfen und nur die besten zu behalten. Die Restlichen lassen sich innerhalb der ersten paar Tage entfernen und essen.

Qualitätskontrolle

Ei ist nie gleich Ei. Es hilft, zu wissen, was gute Bruteier ausmacht, denn so kannst du die neue Generation Hühner nach deinen Wünschen beeinflussen. Die Physis der Eier liefert dir zuverlässige Informationen über das potentielle zukünftige Huhn, das aus ihnen werden könnte. Bei kleinen Eiern ist die Wahrscheinlichkeit groß, dass das aus ihnen schlüpfende Huhn ebenfalls kleine Eier legen wird. Wenn du Hühner über einen längeren Zeitraum halten möchtest, dann solltest du nicht in Kauf nehmen, dass die Eier von Generation zu Generation kleiner werden. Hühner, die kleine Eier legen, lassen sich zudem schlecht verkaufen. Auch andere Mängel wie abnormale Form, Kalkablagerungen auf der Schale oder Sprünge machen das Ei für die Brut unbrauchbar. Hinzu gesellen sich Faktoren, die schwerer zu erkennen, aber dennoch zu beachten sind. Sie fallen in der Regel erst beim Schieren auf. Zu ihnen gehören Blutflecken im Inneren, Luftblasenbildung am spitzen Ende des Eis und abgestorbene Eier. Bei ersten Naturbrut ist letzteres oft der Fall, weil die Glucken noch keine Brutexpertise haben.

Der absolute Großteil der befruchteten Eier entwickelt sich jedoch wie vorgesehen.

Schlupf und Aufzucht

Wenn es dann endlich so weit ist, hat sich das Küken unter enormen Anstrengungen aus seinem ovalen Gefängnis befreit und sucht Schutz bei seiner Mutter. Diese ist zwar fürsorglich und schützt, kann jedoch auch der größte Feind ihrer Kinder werden. Wenn sie bemerkt, dass eines der Küken missgestaltet oder krank ist, macht es kurzen Prozess mit ihm, und verspeist es. Dieses bizarre und traurige Schauspiel hat den vernünftigen Hintergrund, dass die gesamte Brut geschützt werden muss. Ein einziger Ausreißer macht in der Natur Räuber auf sich aufmerksam und schickt damit alle Hühner ins Verderben.

Gesunde Küken hingegen sind schon von klein auf sehr umtriebig und munter. Innerhalb der ersten zwei Tage ernähren sie sich noch von ihrem eigenen Ei, dann benötigen sie jedoch Spezialfutter. Dieses lässt sich unter den Namen "Kükenmehl" oder "Kükenstarterfutter" im Fachhandel oder Online erwerben und muss knapp zwei Monate gefüttert werden. Anschließend sind die Küken dann alt genug um auf normales Futter umzusteigen. Nach vier bis sieben Monaten werden sie schon endgültig erwachsen und die Hennen unter ihnen können schon eigene Eier legen.

Schlusswort

Lieber Leser,

Ich bedanke mich für deine Aufmerksamkeit und hoffe sehr, dass ich dir bei der Haltung deiner Hühner helfen konnte. Für mich gibt es nichts Schöneres, als zu wissen, dass mehr und mehr Menschen Hühnern einen Lebensraum zusprechen, der beide Parteien glücklich macht. In der Zeit der Käfighennen hilft jeder einzelne Privathalter dabei mit, Tieren eine bessere Zukunft zu schenken. Ich habe dieses Buch geschrieben, damit absolut jeder dazu in der Lage ist, seine Hühner artgerecht zu halten. Da draußen gibt es noch viele weitere Ratschläge und Informationen, aber ich empfehle dir jetzt einfach loszulegen. Zu Beginn scheint die Idee Hühner anzuschaffen absurd und löst die Angst aus, man könne etwas falsch machen. Doch diese Befürchtungen bewahrheiten sich nur in den seltensten Fällen. Ich besitze selbst keinen Bauernhof und doch konnte ich über die Jahre unzähligen Menschen aus meinem Umfeld dabei helfen richtig mit ihren Hühnern umzugehen. Mir wurde mit der Zeit klar: Alles was es braucht ist ein wenig Platz im Garten, ein-zwei freie Stunden am Wochenende, Tierliebe und die richtige Information.

Nun habe ich dieses Buch geschrieben um mein geballtes Wissen allen zugänglich zu machen. Es mag nicht das beste Buch geworden sein, aber es ist das einzige Buch, was du brauchst um glückliche Hühner in dein Leben zu holen. Und wenn deine Hühner glücklich sind werden sie dich auch glücklich machen. Glück ist ansteckend - und das nicht nur zwischen Menschen.

Deine Margret Tiemann

Haftungsausschluss

Der Inhalt dieses Buches wurde mit größter Sorgfalt erstellt und überprüft. Für die Vollständigkeit, Aktualität und Richtigkeit der Inhalte kann je- doch keine Garantie oder Gewähr übernommen werden. Der Inhalt dieses Buches repräsentiert die persönlichen Erfahrungen und Meinungen des Autors und dient nur dem Unterhaltungszweck. Der Inhalt darf nicht mit medizinischer Hilfe verwechselt werden. Es wird keine juristische Verantwortung für Schäden übernommen, die durch kontraproduktive Ausübung oder Fehler des Anwenders entstehen. Es kann auch keine Garantie für Erfolg übernommen werden. Der Autor übernimmt daher keine Verantwortung für das Nicht-Erreichen der im Buch beschriebenen Ziele.

Es können Links zu anderen Webseiten im Buch vorhanden sein. Es be- steht kein Einfluss auf die Inhalte dieser Webseiten, daher kann für diese Inhalte keine Gewähr übernommen werden. Die Webseiten wurden zum Zeitpunkt der Verlinkung auf mögliche Rechtsverstöße überprüft. Für die Inhalte der verlinkten Webseiten ist der jeweilige Anbieter bzw. Betreiber verantwortlich. Zum Zeitpunkt der Verlinkung konnten keine rechtswidrigen Inhalte festgestellt werden.

Impressum

Maximilian Alexander Koch
Heinrich-Könn-Straße 94
40625 Düsseldorf

Autor: Margret Tiemann

Jahr der Veröffentlichung: 2019

Verantwortung für den Druck:
Amazon Distribution GmbH, Leipzig

Printed in Poland
by Amazon Fulfillment
Poland Sp. z o.o., Wrocław

66862129R00043